Du CM2 à la 6e

10-11 ans

À la recherche de la cité perdue

Anne Royer
écrivain

Bénédicte Colin
enseignante

illustré par
Cécile Cl

Nathan

Présentation

→ **Je lis un récit d'aventures entrecoupé d'exercices de :**
français, maths, sciences et technologie...

→ **Je résous des exercices**
qui permettent de reconstituer l'histoire.

→ **Je vérifie ma réponse :**
- elle est juste → j'accède à la suite de l'histoire ;
- elle est fausse → le corrigé me guide pour refaire l'exercice.

→ **Je consulte le mémo en fin d'ouvrage,**
il m'explique la notion abordée dans l'exercice.

→ **Je regarde la table des matières (p. 94-95)**
pour connaitre tous les points du programme abordés dans les exercices.

→ **Je note les indices sur la page 93,**
un par chapitre, ils prouvent que l'enquête avance et que l'histoire est bien comprise.

Maquette intérieure : Julie Lannes
Composition : Linéale

En route pour le nombril du monde !

1

La famille Estournier était une famille comme les autres. Enfin, presque…

Si l'on ne tenait pas compte de la collection de squelettes de Léopold Estournier, des poissons empaillés de sa femme Sidonie, de la montagne de livres de leur fille Garance et du zoo de leur fils Philibert, alors oui, la famille Estournier était une famille comme les autres.

Et ce jour-là était un jour comme les autres chez les Estournier. Tandis que la zoologue Sidonie était partie étudier les requins à l'autre bout du monde, l'archéologue Léopold époussetait et classait des vertèbres, Garance lisait un livre d'histoire et Philibert soignait le rhume d'un de ses cochons d'Inde. Bref, tout était parfaitement normal. Mais un coup de téléphone allait venir perturber leurs petites habitudes.

Dans quelle aventure la famille va-t-elle être entrainée ?

Avant de le découvrir, retrouve le métier de Mme Estournier.
Léopold est archéologue, il pratique l'archéologie. C'est l'étude des traces du passé (tablettes en argile, tessons de verre...).
Sidonie, elle, pratique la zoologie.
De quoi est-ce l'étude ?

a. des os
b. des animaux
c. des zoos

Si tu as entouré a. → Lis le n° 16.
Si tu as entouré b. → Lis le n° 6.
Si tu as entouré c. → Lis le n° 20.

mémo 9

2

Tu t'es trompé(e) ! N'oublie pas que 1 kg équivaut à 1 000 g.

→ Lis le mémo n° 19, puis recommence l'exercice du n° 9.

3

Faux ! Le groupe souligné ne donne pas d'indication de temps.

→ Retourne au n° 21.

4

– L'assistant de Jean a démissionné et ses ouvriers quittent le chantier les uns après les autres, alors qu'il est sur le point de faire une découverte très importante, expliqua Léopold. Le problème, c'est que moins il y a de travailleurs sur le terrain et plus il y a de risques que des voleurs en profitent pour piller le site. Ce serait une véritable catastrophe pour l'humanité. Jean m'a demandé de l'aider à faire avancer les fouilles le plus vite possible pour préserver les trésors archéologiques qui s'y trouvent.

– L'Amérique du Sud, c'est grand. Où va-t-on, exactement ? demanda Garance.

– Chez les Incas, répondit Léopold.

– Les Zin quoi ? fit Philibert.

– Les In-cas ! corrigea Garance. L'empire inca a été constitué au XIIe siècle au Pérou et…

– Oui, oui, ça a l'air très intéressant tout ça. Mais, moi, les Zinzins…

– In-cas !

– C'est ça, oui, eh bien, je préfère encore passer mes vacances avec les requins. Dites, vous ne pourriez pas me déposer en Chine, auprès de maman ?

Quelle va être la destination de Philibert ?

Réponds à cette question avant de le découvrir.
En imaginant que Léopold et Garance, en partant de Paris, déposent Philibert à Pékin, en Chine, et qu'ils se rendent ensuite à Cuzco, au Pérou, combien de kilomètres devront-ils parcourir en tout ?
Observe le schéma et calcule.

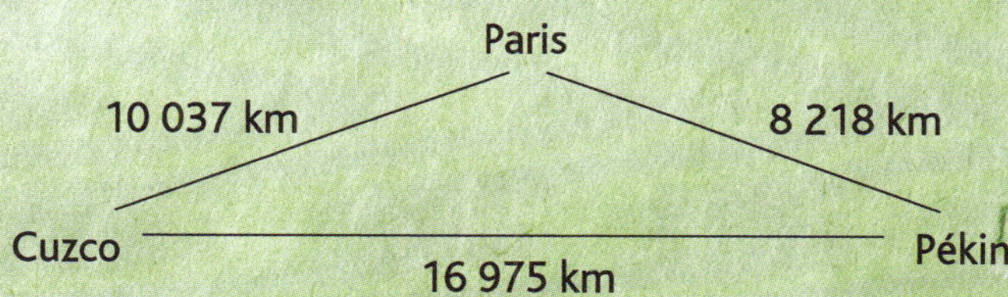

a. 18 255 km
b. 25 193 km
c. 1 819 km

Si tu as choisi a. → Lis le n° 11.
Si tu as choisi b. → Lis le n° 23.
Si tu as choisi c. → Lis le n° 18.

mémo 15

5 

Faux ! Pour ajouter 57 minutes à 10 h 45, tu peux ajouter 1 heure (60 minutes) puis retirer 3 minutes.

→ Refais l'exercice du n° 13.

6

Bravo ! « Zoo » vient du grec « zôon », qui signifie « être vivant, animal ». → Va au n° 9.

7

C'est inexact, consulte le mémo n° 28.

→ Retourne à l'exercice du n° 19.

8

Attention ! Tu as dû faire une erreur de calcul !

→ Recommence l'exercice du n° 9.

9

– Allô ? fit Léopold. Allô ? Parlez plus fort, je n'entends rien !

Un peu distrait, il avait saisi un tibia de guerrier gaulois en pensant décrocher le téléphone…

– Allô ? Jean, c'est toi ?… Tu… Quoi ?

Tout de suite après avoir raccroché le téléphone, Léopold fit résonner le gong tibétain qui servait à annoncer l'heure du repas ou les grandes nouvelles. Garance et Philibert apparurent aussitôt en haut de l'escalier.

– C'est malin, papa, tu as fait peur à Merlin ! rouspéta Philibert.

– Bah, ton iguane s'en remettra.

– L'iguane, c'est Igor, papa ! Merlin, c'est le lapin nain, et…

– Qu'est-ce qui se passe ? coupa Garance.

– Préparez vos valises les enfants, on part dans une heure !

– Dans une heure ? C'est impossible, déclara Philibert. On ne peut pas partir comme ça !

– Pourquoi pas ? demanda Léopold.

Qu'est-ce qui inquiète Philibert ?

Tu ne tarderas pas à le savoir après avoir résolu cette petite énigme.

Pour leur voyage, les Estournier doivent emporter trois valises pesant chacune 10 kilogrammes. Philibert veut connaitre le poids total des bagages en grammes.

Combien les bagages pèsent-ils ?

a. 3 000 g **b.** 30 000 g **c.** 20 000 g

Si tu as choisi a. → Lis le n° 2.

Si tu as choisi b. → Lis le n° 13.

Si tu as choisi c. → Lis le n° 8.

mémo 19

10 

Faux ! Le groupe souligné n'indique pas la cause.

→ Retourne à l'exercice du n° 21.

11

Tu t'es trompé(e) ! Léopold et Garance parcourent 8 218 km entre Paris et Pékin, puis 16 975 km entre Pékin et Cuzco.

➜ Refais l'exercice du n° 4.

12

Faux, une phrase qui permet de raconter une histoire se termine souvent par un point (phrase déclarative).

➜ Recommence l'exercice du n° 23.

13

– Qui va s'occuper de Merlin ? Et d'Igor ?, s'écria Philibert. Et de Balthazar et de…

– Ne t'inquiète pas, tante Apolline s'en chargera.

– Oui, mais si elle ne sait pas donner le biberon à Dagobert ?

Garance essaya de rassurer son frère.

– Ne t'inquiète pas, elle se débrouillera. Elle est tout de même vétérinaire…

– Oui, mais je suis sûr qu'elle n'a encore jamais soigné d'anaconda !

– Assez discuté, les enfants ! Départ dans cinquante-sept minutes.

Et cinquante-sept minutes plus tard, Léopold démarrait la voiture pendant que Philibert jetait un dernier regard au bocal de têtards qui trônait à la fenêtre de sa chambre.

– Tu verras, fiston, quand on reviendra, tu retrouveras une belle famille de grenouilles !

Philibert comprit alors qu'ils partaient pour un long voyage.

Où vont se rendre Léopold et ses enfants ?

Avant de connaitre leur destination, trouve l'heure de leur départ.

Il est 10 h 45, Léopold annonce : « Départ dans cinquante-sept minutes ! »

La famille partira à :

a. 11 h 02 **b.** 11 h 48 **c.** 11 h 42

Si tu as trouvé a. → Lis le n° 22.
Si tu as trouvé b. → Lis le n° 5.
Si tu as trouvé c. → Lis le n° 19.

mémo 20 mémo 21

14

Attention ! Une phrase qui sert à poser une question se termine par un point d'interrogation (phrase interrogative).

→ Recommence l'exercice du n° 23.

15

Tu t'es trompé(e) ! Lis bien le mémo n° 22.

→ Recommence l'exercice du n° 17.

16

Tu t'es trompé(e) ! C'est l'archéologue qui étudie les ossements.

→ Retourne à l'exercice du n° 1.

17

Enfin, l'avion se posa sur l'aéroport de Lima*. Mais il fallait encore prendre une correspondance pour la ville de Cuzco.

– Tu parles de vacances ! C'est ça, l'Amérique du Sud ? On se croirait aux sports d'hiver ! pestait Philibert.

Surpris par le froid de canard qui régnait à Cuzco, alors que c'était le printemps en France, il grelottait.

Mais il cessa vite de se plaindre, car il avait du mal à respirer et commençait à avoir mal à la tête.

– C'est normal, le rassura son père. Nous sommes à 3 600 mètres d'altitude et l'oxygène y est plus rare qu'en plaine. Tu vas t'y habituer.

Jean Bouscade, l'ami de Léopold, arrivait pour les accueillir. Il était avec un jeune garçon aux grands yeux noirs.

– Chers amis, soyez les bienvenus dans le nombril du monde !

---

* Capitale du Pérou.

Philibert se pencha discrètement vers sa sœur.

– Euh… Il parle français mais je ne comprends rien à ce qu'il dit. C'est normal ?

– En langue quechua, Cuzco signifie « nombril », lui expliqua Garance.

Jean leur présenta ensuite Pablo, son fils adoptif.

– Pablo est un Indien quechua, mais il parle aussi bien le français que l'espagnol.

Philibert sentit alors une main s'abattre sur son épaule.

Que d'émotions ! Mais à qui cette main appartient-elle ?

Tu brules d'impatience de le découvrir… Mais il te faut d'abord répondre à cette question.
Quel instrument utilise-t-on pour mesurer des températures ?

a. Un anémomètre
b. Un thermomètre
c. Un baromètre

Si tu as choisi a. → Lis le n° 15.
Si tu as choisi b. → Lis le n° 21.
Si tu as choisi c. → Lis le n° 24.

mémo 22

18

Faux ! Léopold et Garance parcourent 8 218 km entre Paris et Pékin, puis 16 975 km entre Pékin et Cuzco.

→ Recommence l'exercice du n° 4.

19

Philibert se faisait tellement de souci pour sa ménagerie qu'il n'avait même pas songé à demander où son père les conduisait.

– En Amérique du Sud ! annonça Léopold.

– En voiture ? demanda timidement Philibert, qui redoutait la réponse de son père.

– Mais non, à la nage, bien sûr !

– Désolée, petit frère, mais on va être obligés de prendre l'avion, intervint Garance.

L'avion ! Philibert avait l'impression de vivre un cauchemar.

– Vous êtes vraiment surs qu'on ne peut pas y aller en voiture ?

– Philibert...

Léopold expliqua à ses enfants que son vieil ami Jean Bouscade dirigeait un grand chantier de fouilles archéologiques au Pérou et qu'il avait besoin de lui.

Pour quelles raisons Jean appelle-t-il son vieil ami ?

Tu le sauras en faisant un petit tour du monde et en donnant le nombre de continents dont il est constitué :

a. 5 **b.** 6 **c.** 7

Si tu as entouré a. → Lis le n° 7.
Si tu as entouré b. → Lis le n° 4.
Si tu as entouré c. → Lis le n° 26.

mémo **28**

20

Faux ! Mme Estournier n'étudie pas les zoos.

→ Retourne à l'exercice du n° 1.

21

– Vous ne m'aviez pas dit qu'il y aurait des enfants ! fit une grosse voix derrière lui.

Philibert se retourna, pas très rassuré. Un grand Indien se tenait derrière lui. On aurait dit que son visage avait été taillé au couteau dans un morceau de bois sombre.

– Je vous présente Miguel, dit Jean, mon contremaitre. C'est lui qui s'occupe de choisir et d'encadrer les ouvriers du chantier. Heureusement, je peux encore compter sur lui !

– Et sur nous ! ajouta Léopold.

– Merci, mes amis. J'aurais aimé partir tout de suite pour le chantier, mais j'attends encore du matériel et des documents. Enfin… Vous pourrez au moins profiter de la grande fête de l'Inti Raymi.

– Qu'est-ce que c'est ? demanda Garance.

– C'est la fête que l'on donne tous les ans pour célébrer le solstice d'hiver*, expliqua Miguel. Cette cérémonie est moins importante aujourd'hui qu'à l'époque des Incas, où elle était organisée pour fêter le retour du Dieu-Soleil. Au temps de l'empire, on déposait les momies des empereurs sur la grande place de Cuzco pour qu'elles discutent ensemble des évènements récents survenus dans la cité.

– J'aurais aimé voir ça ! déclara Garance.

Que va-t-il se passer pendant la fête ?

Tu le sauras si tu trouves la fonction du groupe souligné dans la phrase : « Un grand Indien se tenait derrière lui. »

a. complément circonstanciel indiquant le temps
b. complément circonstanciel indiquant le lieu
c. complément circonstanciel indiquant la cause

Si tu as trouvé a. → Lis le n° 3.
Si tu as trouvé b. → Lis le n° 25.
Si tu as trouvé c. → Lis le n° 10.

mémo 5

* Jour le plus court de l'année, marquant le début de l'hiver.

22

Tu t'es trompé(e) ! 10 h 45 et 0 h 57 ne donnent pas 11 h 02. Pour ajouter 57 minutes à 10 h 45, tu peux ajouter 1 heure (60 minutes) puis retirer 3 minutes.

→ Recommence l'exercice du n° 13.

23

– C'est-à-dire que la Chine n'est pas sur le chemin, dit Léopold.

– Et tu sais bien que maman n'aura pas le temps de s'occuper de toi. Elle passe ses journées à chercher de nouvelles espèces de requins.

Philibert se contenta de hausser les épaules. Mais une fois dans l'avion, quand l'appareil s'élança dans les airs, il se cramponna à son siège.

– Surtout, ne pas regarder par la fenêtre, se disait-il. Ne pas…

Garance se pencha vers le hublot.

– Oh, Philibert ! Là, sur la pelouse, en bas, des lapins ! Regarde, vite !

– Où ça ? Aaaaaah, au secours ! C'est trop haut ! Arrêtez tout, laissez-moi descendre !

Pauvre Philibert… Garance lui prêta son manteau pour qu'il puisse se cacher dessous. Mais pas moyen de fermer l'œil ! Quand elle lui annonça qu'ils survolaient l'océan Atlantique, il chercha aussitôt la place du gilet de sauvetage et se renseigna sur la température de l'eau. Quand elle lui apprit qu'ils passaient au-dessus de la cordillère des Andes*, il se demanda quelles étaient ses chances de survie sur les pics enneigés et, voyant qu'il avait oublié ses biscuits, il pensa qu'il devrait manger les survivants en cas d'accident… Il regarda autour de lui, mais il ne trouva aucun passager vraiment appétissant.

Les malheurs de Philibert vont-ils continuer ?

Tu es impatient(e) de le savoir ? Alors indique si la phrase :
« Arrêtez tout, laissez-moi descendre ! »
prononcée par Philibert est une phrase :

a. qui raconte une histoire
b. qui donne un ordre
c. qui pose une question

Si tu as choisi a. → Lis le n° 12.
Si tu as choisi b. → Lis le n° 17.
Si tu as choisi c. → Lis le n° 14.

mémo 1

24

Tu t'es trompé(e).

→ Lis bien le mémo avant de recommencer l'exercice du n° 17.

---

* Chaine de montagnes traversant l'Amérique du Sud du nord au sud.

25

– On ne dérange plus les momies désormais, dit Miguel, mais vous pourrez tout de même assister au grand spectacle à la forteresse de Sacsahuamán*…

Deux heures plus tard, la petite troupe arrivait à destination.

– Elle a une drôle de forme, cette forteresse, remarqua Philibert.

– Elle représente une tête de puma, lui expliqua Pablo. C'est un animal sacré chez les Incas.

Sur une vaste esplanade, des centaines de danseurs vêtus de costumes de cérémonie aux couleurs vives offraient un ballet impressionnant. Aux danses se mêlaient des chants sacrés. Soudain, un imposant personnage assis sur un trône porté par des gardes fit son apparition. Philibert sursauta quand il vit qu'on trainait un lama pour le sacrifier, mais sa sœur lui expliqua qu'on ferait semblant de le tuer. La nuit tombant, de grands feux furent allumés, qui envoyèrent vers les étoiles de magnifiques gerbes d'étincelles.

Le spectacle était presque fini lorsque Jean poussa un cri et tomba à la renverse. Du sang coulait sur ses cheveux. Qui en voulait à sa vie ?

* Forteresse dominant Cuzco, ancienne capitale des Incas.

Il ouvrit les yeux et balbutia :

– Qu'est-ce que… Qu'est-ce qui s'est passé ?

– Tu as reçu un coup sur la tête, dit Léopold.

– J'ai… Mon sac ! cria Jean. On m'a volé mon sac !

Il était désespéré. Ce sac contenait ses carnets avec toutes ses notes, ses dessins et ses plans du chantier. Deux ans de travail perdus !

Tandis que Garance l'aidait à se relever, Léopold remarqua qu'il manquait quelqu'un.

Qui a bien pu disparaitre ?

Bien sûr, tu es pressé(e) de l'apprendre.
Mais avant, tu dois répondre à une petite question.
Léopold s'est rendu compte que quelqu'un avait disparu.
Relis bien le paragraphe et trouve de qui il s'agit :

- Garance
- Philibert
- Miguel

Recopie ta réponse :

C'est ton PREMIER INDICE. Note-le sur ta page-indices, p. 93. Maintenant → lis la suite au chapitre 2.

26

Tu t'es trompé(e). As-tu consulté le mémo ?

→ Retourne à l'exercice du n° 19.

2

La menace du puma

1

Miguel avait disparu…

– Je ne comprends pas, dit Jean, il était juste à côté de moi quand…

Mais Miguel revenait déjà, à bout de souffle.

– J'ai… essayé de… rattraper le voleur… Mais… trop de monde… il s'est enfui.

Le petit groupe se dirigea alors vers l'hôtel où il devait passer la nuit. Miguel demanda à Jean s'il comptait toujours se rendre sur le chantier dès le lendemain.

– Oui, il va y avoir une éclipse de Soleil, et nous n'avons plus beaucoup de temps.

– Vous êtes sûr que vous voulez emmener les enfants ? Vous ne préférez pas les laisser à Cuzco ? demanda Miguel. J'ai des amis qui…

– Je vous ai déjà dit que…

Réception
Chambres

Jean s'interrompit en voyant que les trois enfants l'écoutaient.

– Nous reparlerons de tout cela plus tard.

Une fois les enfants couchés, Jean, Miguel et Léopold se retrouvèrent pour discuter.

– Qu'est-ce qui se passe, Jean ? J'ai l'impression que tu ne m'as pas tout dit, s'inquiéta Léopold.

– C'est vrai, avoua son ami. Il se passe des choses étranges sur le chantier…

– Très étranges, insista Miguel.

– Il semblerait qu'un énorme puma rôde dans les parages, reprit Jean.

– Les ouvriers disent que nous avons dérangé le repos des morts par nos fouilles et que cette créature est un monstre venu pour se venger, expliqua Miguel.

Comment le monstre va-t-il se venger ?

Tu le sauras après avoir complété cette phrase.

Quand il y a une éclipse de Soleil,

a. le Soleil est entre la Lune et la Terre.

b. la Lune est entre le Soleil et la Terre.

c. la Terre est entre le Soleil et la Lune.

Si tu as choisi a. → Lis le n° 6.

Si tu as choisi b. → Lis le n° 5.

Si tu as choisi c. → Lis le n° 8.

mémo 23

2

Tu t'es trompé(e) d'opération. Il fallait faire une soustraction.

→ Refais l'exercice du n° 5.

3

Dès qu'il vit le groupe, Miguel le rejoignit.

– C'est bien ce que je craignais, annonça-t-il. Le pont suspendu a été abimé par les orages, et les paysans n'ont pas encore eu le temps de le réparer. Il leur faudra environ deux à trois jours de travail.

– C'est impossible ! Nous devons absolument passer aujourd'hui ! déclara Jean.

L'archéologue se précipita vers le pont pour l'inspecter. C'était une simple échelle de corde tendue entre les parois d'un ravin très profond, sans aucun pylône pour la soutenir ; en contrebas, grondait un torrent déchainé.

– Mais ce n'est pas un pont, ça ! s'exclama Philibert. C'est un filet à provisions !

À voir Jean déambuler au-dessus du vide, Philibert crut qu'il allait tourner de l'œil. Il espérait que l'archéologue allait renoncer à traverser.

Nos héros vont-ils se montrer courageux ?

Réponds à cette question, et tu ne tarderas pas à le savoir : quel nom porte le groupe de mots souligné dans la phrase « L'archéologue se précipita vers le pont ... » **?**

a. le sujet

b. le verbe

Si tu as choisi a. → Lis le n° 14.

Si tu as choisi b. → Lis le n° 20.

mémo 2

4

Bravo !

→ Dépêche-toi d'aller au n° 9.

5

– Dans quelques jours, ajouta Jean, une éclipse de Soleil doit se produire. Et elle risque d'être interprétée comme la vengeance de ce monstre. Selon une ancienne prédiction inca, le puma va avaler Inti, le Dieu-Soleil… J'ai peur que tous les ouvriers ne m'abandonnent.

– Mais ce ne sont que des histoires, des superstitions, s'étonna Léopold.

– On voit que tu n'as pas entendu le puma ! Excuse-moi, mais je ne sais plus trop quoi en penser.

Les trois hommes entendirent alors un drôle de craquement.

– Qu'est-ce que c'est ? Qui est là ?

Léopold, qui sentait que son ami était à bout de nerfs, proposa qu'ils aillent tous se coucher.

Le lendemain, le petit groupe se rendit à la gare : direction le chantier de fouilles. Il faisait frais et un léger brouillard avait envahi la ville. Philibert avait rêvé de momies et de sacrifices toute la nuit. Sa mauvaise humeur n'allait pas s'arranger... En arrivant sur le quai, il aperçut un train vétuste* et refusa d'y monter. Mais Miguel le hissa fermement à bord. Pablo tenta de le consoler.

– Tu verras, tu ne le regretteras pas. Ce train grimpe jusqu'à 4 000 mètres d'altitude et nous allons passer sur des viaducs suspendus au-dessus du vide.

– Ah, c'est sûr, ça me rassure ! Je crois que je préfère encore l'avion... marmonna Philibert.

Les trois enfants allèrent s'asseoir dans un coin du wagon. Garance en profita pour leur raconter ce qu'elle avait surpris, la veille, à l'hôtel.

---

* Vieux et usé.

35

Qu'est-ce que Garance a bien pu surprendre ?

Avant de le découvrir, résous ce petit problème.
Le train le plus élevé du monde circule de Pékin, en Chine, à Lhassa, au Tibet. Son point le plus haut est à 5 072 m d'altitude. Le précédent record était détenu par le chemin de fer des Andes, au Pérou, à une altitude de 4 830 m.
Quelle différence de hauteur y a-t-il entre le précédent record et le nouveau ?

a. 9 902 m
b. 1 842 m
c. 242 m

Si tu as entouré a. → Lis le n° 2.
Si tu as entouré b. → Lis le n° 16.
Si tu as entouré c. → Lis le n° 21.

mémo 16

6

Faux ! Observe bien le dessin dans le mémo n° 23.

→ Retourne au n° 1 et refais l'exercice.

7

Faux ! As-tu bien lu le mémo ?

→ Recommence l'exercice du n° 21.

8

Faux ! Lis le mémo n° 23.

→ Puis recommence l'exercice du n° 1.

9

Léopold tenta une explication.

– Il se fait peut-être du souci pour les enfants ?

Ils se remirent en marche. L'immense forêt qui bordait le chemin, encombrée de lianes, semblait impénétrable. D'étranges bruits s'en échappaient. Les enfants n'étaient pas très rassurés, et Philibert n'avait aucune envie de découvrir qui poussait ces cris.

Ils arrivèrent enfin près d'un village constitué de quelques maisons en terre, groupées les unes contre les autres au sommet d'un col battu par les vents. Ils aperçurent au loin la longue silhouette de Miguel, qui discutait avec des paysans.

Pablo donna un coup de coude à Garance.

– Tu as vu ? On dirait que Miguel est en train de leur donner quelque chose.

– Oui, chuchota Garance. C'est peut-être de l'argent…

Que va révéler Miguel ?

Tu voudrais bien le savoir, alors complète cette phrase :

« Dans la forêt, Philibert a peur de se rompre le ... »

a. coup

b. cout

c. cou

Si tu as entouré a. → Lis le n° 19.

Si tu as entouré b. → Lis le n° 12.

Si tu as entouré c. → Lis le n° 3.

mémo 10

10

Tu t'es trompé(e). N'oublie pas qu'un siècle est égal à 100 ans. → Retourne au n° 20 et recommence ton calcul.

11

En es-tu sûr(e) ? Le chemin vert mesure :

2,1 + 3,6 + 2,5 = 8,2, soit 8,2 km. Et le chemin rouge ?

→ Refais l'exercice du n° 15.

12

« Cout » signifie « prix ».

→ Retourne au n° 9 et recommence l'exercice.

13

Faux ! Rappelle-toi qu'un millénaire est égal à 1 000 ans.

→ Retourne au n° 20 et recommence ton calcul.

14

Tu t'es trompé(e) ! Peux-tu mettre « se précipita » à l'infinitif ?

→ Retourne au n° 3 et recommence l'exercice.

15

On chargea les bagages sur les bêtes, puis on se mit en marche en file indienne.

Après quelques mètres, le chemin bifurquait. Jean et Miguel commencèrent alors à se disputer. Jean voulait prendre à gauche, et Miguel à droite.

– Le temps presse, Miguel ! Nous devons absolument prendre le raccourci pour rejoindre le chantier au plus vite.

– C'est trop dangereux ! Il a beaucoup plu ces derniers jours, et le chemin à flanc de colline a dû s'effondrer par endroits. Nous risquons de ne pas pouvoir passer avec les lamas. Et puis, il faut penser aux enfants…

– Nous avons pris ce raccourci plus de cent fois et par tous les temps ! Je ne vois pas pourquoi il serait subitement devenu dangereux !

– Bien, c'est vous qui décidez, fit Miguel d'une voix blanche. Mais laissez-moi partir devant en éclaireur.

Jean acquiesça et Miguel s'engagea aussitôt sur le raccourci.

– Je ne sais pas ce qu'il a, dit Jean, il est vraiment bizarre depuis quelque temps…

Tout cela ne présage rien de bon.
Crois-tu que les choses vont s'arranger ?

Avant d'en savoir plus, il te faut trouver le raccourci que doit emprunter le groupe.

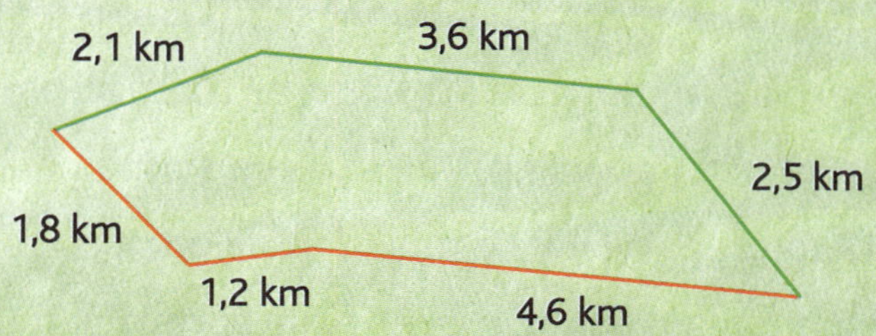

Observe le schéma ci-dessus et calcule les distances.

Quel chemin est le plus court ?

a. le chemin vert

b. le chemin rouge

Si tu as répondu a. → Lis le n° 11.
Si tu as répondu b. → Lis le n° 4.

mémo 17

16

Attention ! Tu n'as pas bien fait ton calcul. As-tu bien posé la soustraction ?

→ Recommence l'exercice du n° 5.

17

En effet ! La toison épaisse et les pieds fendus du lama lui permettent de vivre en haute montagne.

→ Lis le n° 15.

18

Jean franchit le pont le premier, suivi de Pablo, puis de Garance. Voyant que le pont se mettait à tanguer, Philibert ne voulut pas avancer. Encouragé par son père, il fit néanmoins quelques pas en s'agrippant aux cordes mais, parvenu au milieu, il ne put s'empêcher de regarder en bas. Et là… Tout se mit à tourner autour de lui. Il se cramponna de plus belle en fermant les yeux et s'immobilisa.

Au même moment, un des lamas se cabra et s'enfuit. Les autres bêtes, paniquées, s'engagèrent en bloc sur le pont.

– Attention ! cria Garance.

Trop tard… Les lamas bousculèrent Philibert, qui bascula dans le vide. Il eut juste le temps de se rattraper aux cordes. Il ne voyait ni n'entendait plus rien, mais il sentait ses doigts qui commençaient à lâcher prise…

Une main le tira d'un coup vers le haut. C'était Miguel : prenant Philibert dans ses bras, il alla le déposer près de sa sœur. Il était fou de rage.

– Je vous avais dit que c'était trop dangereux pour des enfants. Mais vous n'en faites qu'à votre tête ! Tout ce qui vous intéresse, c'est votre satané trésor ! Le garçon a failli mourir à cause de vous…

– Miguel…

– Retournez donc sur votre chantier maudit ! Espèce de…

Exaspéré, Miguel retraversa le pont et disparut. Jean se demanda alors s'il reverrait un jour son contremaitre.

Miguel va-t-il réapparaitre ?

Combien de personnes sont arrivées de l'autre côté du pont ?

- quatre
- cinq
- six

Recopie ta réponse :

C'est ton DEUXIÈME INDICE. Note-le sur ta page-indices, p. 93. → Puis va vite au chapitre 3.

19

Regarde bien l'orthographe : le mot « coup » est utilisé dans l'expression « donner un coup de coude ».

→ Retourne au n° 9 et recommence l'exercice.

20

– Nous passerons, insista Jean. Un par un, mais nous passerons.

Miguel avait l'air contrarié.

– Nous, nous pourrons peut-être, mais les lamas, certainement pas. Ils sont trop chargés, c'est trop risqué. Mieux vaut les laisser ici et revenir prendre les affaires plus tard.

– Là où un lama ne passe pas, je ne passe pas non plus, annonça Philibert.

– Toi, tu iras où on te dira d'aller, déclara son père. Certains de ces ponts ont des portées de 60 mètres et sont utilisés depuis des siècles ! Tu ne risques absolument rien.

– Et nous emmènerons les lamas avec nous, décida Jean. J'ai besoin du matériel.

– Bien, marmonna Miguel. Passez devant avec les enfants, c'est plus prudent. Je m'occuperai des lamas.

Le pont suspendu va-t-il résister ?

Si tu veux le savoir, résous ce petit problème.
Le temple du Soleil des Incas existe depuis 600 ans, alors que la cathédrale Notre-Dame de Paris fut édifiée il y a 7 siècles. La pyramide de Khéops, en Égypte, existe depuis 4 millénaires environ.
Lequel de ces monuments est le plus récent ?

a. la cathédrale Notre-Dame de Paris
b. la pyramide de Khéops **c.** le temple du Soleil

Si tu as choisi a. ➜ Lis le n° 10.
Si tu as choisi b. ➜ Lis le n° 13.
Si tu as choisi c. ➜ Lis le n° 18.

mémo 13 mémo 20

21 

– Comme je n'arrivais pas à dormir, dit Garance, je suis descendue dans le hall, et j'ai vu papa, Jean et Miguel. Je me suis cachée et voilà ce que j'ai entendu…

Elle leur résuma la conversation de la veille. Pablo était déjà au courant. Il avait lui-même entendu le puma rôder près du chantier et avait vu la trace de ses énormes griffes sur les arbres.

– Ce puma doit être aussi grand qu'un éléphant !

– Un éléphant ! s'écria Philibert. Et tu crois qu'il va dévorer le Soleil ?

– Je ne crois pas que ce soit un animal fantastique.

Mais c'est vrai qu'on l'entend surtout au crépuscule, quand le Soleil jette ses derniers feux à l'horizon.

– Mais pourquoi ces fouilles sont-elles si importantes pour ton père ? demanda Garance.

– Après la chute de l'empire inca, expliqua Pablo, on a raconté que des rebelles incas se seraient enfuis dans les montagnes avec des milliers de lamas chargés de sacs d'or, dans le but de fonder, à Païtiti, une nouvelle cité. Et c'est cette cité légendaire que cherche mon père.

Captivé par le récit de Pablo, Philibert ne fit même pas attention aux précipices vertigineux que l'on voyait de la fenêtre du train.

Celui-ci s'était arrêté dans une gare minuscule, que la forêt semblait vouloir dévorer. La petite troupe descendit du train et trouva, sur un étroit sentier caillouteux, des lamas qui attendaient.

Comment le voyage va-t-il se poursuivre ?

Pour lire la suite de l'histoire, trouve la bonne réponse.
Le lama vit dans les Andes où les températures sont basses, le sol caillouteux et l'herbe rase. **Tu dirais que :**

a. le lama est tout à fait adapté à la haute montagne.

b. le lama est peu adapté à la haute montagne.

Si tu as répondu a. → Lis le n° 17.
Si tu as répondu b. → Lis le n° 7.

mémo 25

L'éclipse

1 

Jean était blême. Nerveusement, il se mit à rassembler les lamas, puis fit signe au groupe qu'il était temps de reprendre la route. Léopold et les enfants le suivirent en silence. Jean marcha seul devant pendant un long moment avant de s'arrêter brusquement. Il se tourna vers les autres.

– Excusez-moi. Miguel avait raison. Je n'ai pensé qu'à moi… Il me semblait tellement important de rejoindre le chantier rapidement que je ne me suis pas rendu compte des risques que je vous faisais prendre.

– Tu ne nous as pas forcés à venir, répondit Léopold, et je me sens aussi coupable que toi. Je n'aurais jamais dû emmener les enfants avec moi.

Philibert se sentait très mal à l'aise. S'il avait été plus courageux, sur le pont, rien de tout cela ne serait arrivé.

– Excuse-moi, Philibert, reprit Jean. Je te jure que ça ne se reproduira plus. Et ce soir, je t'offrirai un véritable festin pour me faire pardonner : du cochon d'Inde grillé !

Comment Philibert va-t-il réagir à cette délicate attention ?

Avant de le découvrir, peux-tu dire si les mots en bleu dans les paragraphes ci-dessus sont :

a. des adverbes

b. des verbes

c. des adjectifs

Si tu as entouré a. → Lis le n° 8.
Si tu as entouré b. → Lis le n° 6.
Si tu as entouré c. → Lis le n° 12.

mémo 7

2

Non, tu t'es trompé(e). Consulte le mémo n° 4.

→ Puis retourne à l'exercice du n° 17.

3

Ne t'es-tu pas trompé(e) dans tes calculs ? La moitié $\left(\frac{1}{2}\right)$ de 48, c'est 24 ; le quart $\left(\frac{1}{4}\right)$ de 48, c'est 12. Pose à nouveau ton opération.

→ Recommence l'exercice du n° 5.

4

Non, ce n'est pas celui-ci. Lis bien le mémo n° 18.

→ Puis reprends la question du n° 11 et recommence.

5

– J'ai une bonne et une mauvaise nouvelle, annonça Jean. La bonne, c'est que les ouvriers ont trouvé des murs en pierre ensevelis sous la terre et la végétation. D'après ce que j'ai vu, il semble que ce soit un grand bâtiment, peut-être un temple du Soleil…

– C'est formidable ! s'écria Léopold. Tu vois, tu ne t'étais pas trompé !

– Oui, mais… la mauvaise nouvelle, c'est que le puma est encore venu bouleverser le chantier. Des tentes ont été déchirées, des provisions ont disparu. Les ouvriers sont terrorisés et la moitié d'entre eux ont déjà quitté les lieux…

– Mais nous, nous sommes là !

– Oui ! Mais j'ai bien peur que vos petits bras ne suffisent pas… L'éclipse aura lieu dans quelques heures et je suis prêt à parier que le reste des ouvriers sera parti d'ici-là. Après, nous serons à la merci des pillards.

– Eh bien ! déclara Philibert. Petits bras ou pas, nous n'avons pas une minute à perdre.

Léopold et Garance n'en croyaient pas leurs oreilles.

– Quoi ? Vous n'allez tout de même pas me dire que vous m'avez arraché à mes animaux, jeté dans un avion, précipité dans le vide et menacé avec du cochon d'Inde grillé pour que je reste là à ne rien faire ? Allez, allez, au travail ! Et plus vite que ça !

Que vont faire les enfants ?

Tu le sauras en lisant la suite de l'histoire mais, avant, aide Jean à savoir combien d'ouvriers sont présents sur le chantier.

Au départ, il y en avait 48 : la moitié est partie pendant son absence et le quart est revenu à son retour.

Coche la réponse exacte.

a. ❑ 56 ouvriers

b. ❑ 26 ouvriers

c. ❑ 36 ouvriers

Si tu as coché a. ➜ Lis le n° 3.

Si tu as coché b. ➜ Lis le n° 10.

Si tu as coché c. ➜ Lis le n° 15.

mémo 12

6 

Faux ! Rappelle-toi : les verbes sont des mots qui se conjuguent. Lis le mémo n° 7.

➜ Puis recommence l'exercice du n° 1.

7

Non, le cochon d'Inde ne mange pas de viande, ni d'insectes ; il n'est ni carnivore, ni insectivore. Lis le mémo n° 24.

→ Recommence l'exercice du n° 8.

8

Pablo éclata de rire en voyant la tête de Philibert à l'annonce de cette spécialité locale.

– Tu sais, ici, les cochons d'Inde ne sont pas des animaux domestiques. Ils vivent en liberté et on les chasse pour les manger, comme les oiseaux ou les lapins. Tu n'as jamais mangé du lapin ?

– Mauvais exemple, chuchota Garance.

Philibert était outré.

– Non, monsieur, je ne mange pas de lapin ! Ni de cochon d'Inde, ni de chat, ni de chien !

C'était bien la première fois que Philibert était content d'avoir laissé son cochon d'Inde à la maison, et il jura qu'il ne mangerait pas une bouchée de cet animal.

Après avoir gravi un long chemin escarpé, Jean, Léopold et les enfants arrivèrent enfin sur un immense plateau, là où se tenait le chantier. De tous côtés, montagnes et vallées s'étendaient à perte de vue.

Jean s'empressa de rejoindre les ouvriers pour savoir ce qui s'était passé durant son absence.

Au bout d'une heure, il vint exposer la situation à ses amis.

Quelles sont les nouvelles du chantier ?

Pour le savoir, réponds à cette question :
de quoi le cochon d'Inde se nourrit-il ?

a. de viande

b. de végétaux

Si tu as choisi a. → Lis le n° 7.
Si tu as choisi b. → Lis le n° 5.

mémo 24

9 

Attention ! Ne confonds pas le rayon et le diamètre ! As-tu lu le mémo n° 18 ?

→ Puis retourne à l'exercice du n° 11.

10 

Peut-être n'as-tu pas bien lu l'énoncé ? La moitié $\left(\frac{1}{2}\right)$ de 48, c'est 24 ; le quart $\left(\frac{1}{4}\right)$ de 48, c'est 12. Pose à nouveau ton opération.

→ Recommence l'exercice du n° 5.

11 

– Là, regardez ! On dirait…, commença Philibert.

– Miguel ! s'exclama Garance.

C'était bien Miguel qui revenait. Il tenait par la bride le lama qui s'était enfui près du pont.

Jean se précipita vers son contremaitre pour le remercier et lui présenter ses excuses. Miguel, mal à l'aise, hocha la tête et se mit au travail. L'heure de l'éclipse approchait…

L'air fut d'abord déchiré par un rugissement terrible qui terrorisa tout le campement. Les enfants se précipitèrent vers les archéologues, tandis que les ouvriers s'enfuyaient vers la forêt. En quelques instants, le disque de la Lune passa devant le Soleil et la Terre fut plongée dans l'obscurité. Blottis contre leur père, Garance et Philibert redoutaient l'arrivée du puma qui ne ferait d'eux qu'une bouchée. Philibert imaginait déjà l'énorme fauve en train de se jeter sur lui.

Soudain, un coup de feu retentit. Puis un grand éclat de rire.

– Qu'est-ce que… ?

Mais Jean n'eut pas le temps de finir sa phrase.

Qu'est-il donc arrivé à Jean ?

À découvrir après un peu de géométrie !

Le rayon d'un cercle de centre A mesure 2,5 cm.

Le rayon d'un cercle de centre B mesure 3,5 cm.

Le diamètre d'un cercle de centre C mesure 5 cm.

De ces trois cercles, lequel est le plus grand ?

a. le cercle de centre A

b. le cercle de centre B

c. le cercle de centre C

Si tu as entouré a. → Lis le n° 4.
Si tu as entouré b. → Lis le n° 19.
Si tu as entouré c. → Lis le n° 9.

mémo 18

12 

Faux ! Ce ne sont pas des adjectifs comme « nerveux, brusque, rapide ».

→ Recommence l'exercice du n° 1.

13 

Tu as tout bon !

→ Précipite-toi au chapitre 4.

14 

Tu t'es trompé(e) ! Il n'y a pas d'indication de lieu dans le groupe souligné.

→ Retourne au n° 15 et recommence l'exercice.

15 

Jean confia aux enfants la tâche de dresser la liste des provisions manquantes. Ils promirent de ne pas trop s'éloigner, de ne pas se séparer et de revenir une heure avant le moment prévu de l'éclipse.

– C'est parti pour l'aventure ! plaisanta Philibert.

Leur mission terminée, ils décidèrent de profiter du temps qu'il leur restait pour explorer le chantier. Pablo leur montra les traces de griffes laissées par le puma. Au moment où les enfants passaient près de la baraque à outils, Garance crut entendre un gémissement. Mais impossible d'ouvrir la porte ! Celle-ci était solidement verrouillée. Ils écoutèrent attentivement, mais le bruit s'était arrêté.

– J'ai dû rêver, dit simplement Garance.

Elle n'était pas pour autant rassurée.

– Venez les garçons, il est l'heure de retrouver les autres, maintenant.

Les trois amis allèrent s'installer sur une butte pour regarder l'ensemble du chantier. Armés de pioches, les archéologues et les ouvriers creusaient et retournaient la terre. Une partie des ruines commençait à voir le jour.

Soudain, Philibert aperçut une silhouette familière qui s'approchait.

Qui a-t-il reconnu ?

Tu le sauras rapidement si tu trouves la bonne réponse.
Dans la phrase : « Les archéologues et les ouvriers creusaient et retournaient la terre. »**, le groupe de mots souligné indique :**

a. qui fait l'action : c'est le sujet de la phrase.
b. en quoi consiste l'action : c'est le verbe.
c. où se passe l'action : c'est un complément circonstanciel de lieu.

Si tu as trouvé a. ➜ Lis le n° 11.
Si tu as trouvé b. ➜ Lis le n° 18.
Si tu as trouvé c. ➜ Lis le n° 14.

mémo 2 mémo 3 mémo 5

16 

Erreur ! « ces » n'indique pas la possession. Consulte le mémo 4. ➜ Recommence l'exercice du n° 17.

17 

D'un coup, tout devenait clair. Miguel faisait partie de cette bande de pillards qui avait infiltré le chantier !

Fou de rage, Jean voulut se jeter sur lui mais l'un des ouvriers l'en empêcha.

– C'est vous, vous qui m'avez assommé à la fête de l'Inti Raymi ! hurlait Jean, vous qui m'avez volé toutes mes notes !

Sa colère avait l'air de beaucoup amuser le chef des voleurs.

Miguel, lui, se taisait.

– Mais… et le puma ? demanda Léopold, qui commençait à se douter de la supercherie.

– Vous avez gobé cette histoire ? Un puma qui dévore le Soleil ! Et pourquoi pas une grenouille qui sirote l'eau du lac Titicaca avec une paille ? C'est fou ce qu'on peut faire avec deux ou trois outils et un peu de technologie.

– Les traces de griffes ?

– Des coups de lame…

– Les rugissements ?

– Des enregistrements ! À part ça, j'avoue que je ne suis pour rien dans l'éclipse, même si j'ai su en profiter. Bien, trêve de bavardages, messieurs les archéologues ! Si vous voulez revoir vos enfants vivants, je vous conseille de me livrer le trésor. Comme je ne suis pas un ingrat, je laisse mes ouvriers à votre disposition. Mais ne tardez pas trop, un accident est si vite arrivé…

Trois hommes se saisirent des enfants pendant que les autres forçaient les archéologues à reprendre les fouilles.

Un peu à l'écart, Miguel regardait la scène, l'air

désolé. Si le soleil était réapparu à ce moment précis, on aurait pu voir que le contremaitre pleurait.

Où tout cela va-t-il conduire nos héros ?

Avant de poursuivre cette aventure, lis attentivement cette phrase :

« **Sa** colère avait l'air de beaucoup amuser **le** chef de **ces** voleurs. »

Dans la phrase :

a. ❑ « le » indique la possession

b. ❑ « ces » indique la possession

c. ❑ « sa » indique la possession

Coche la bonne réponse.

Si tu as coché a. ➜ Lis le n° 2.
Si tu as coché b. ➜ Lis le n° 16.
Si tu as coché c. ➜ Lis le n° 13.

mémo 4

18 

Faux ! Il n'y a pas de verbe dans le groupe souligné.

➜ Retourne au n° 15 et recommence l'exercice.

19 

Un des ouvriers venait d'asséner un violent coup à Jean, tandis qu'un autre le menaçait avec un revolver.

– Deux ans que j'attends ce moment ! déclara

l'homme. Deux ans à creuser, à chercher, sans relâche. Pour rien ! Mais aujourd'hui…

Il fit un geste et les autres ouvriers encerclèrent les archéologues et leurs enfants.

– Maintenant que vous avez enfin trouvé le temple du Soleil, vous allez me révéler où se trouve le trésor de Païtiti.

– Le trésor ? Mais c'est la cité tout entière ! fit Jean.

– Ne faites pas l'imbécile ! Vous savez bien que je parle de l'or des Incas. Où est-il ?

– Mais je ne sais même pas s'il existe !

– Taisez-vous ! Vous n'allez pas me faire croire que vous faites tout ça uniquement pour récolter de vulgaires cailloux !

– Je vous assure que…

– Je connais les hommes de votre espèce, monsieur Bouscade. Ce n'est pas la première fois que j'ai affaire à des types comme vous. Mais… tout ça est une autre histoire !

Jean n'y comprenait plus rien.

– Que voulez-vous dire ?

– Je veux dire qu'il est dans votre intérêt de me conduire au trésor rapidement. Et si vous refusez, je serai obligé d'employer les grands moyens, lâcha-t-il en désignant les enfants.

– Non, pas eux ! supplia Léopold.

– Ne les touchez pas ! cria Jean. Ou…

– Ou quoi ? demanda l'homme en appuyant son revolver sur la tempe de Jean. Miguel ! ordonna-t-il. Attache les enfants !

Miguel s'avança, tête baissée, pour les ligoter.

Quel rôle Miguel joue-t-il dans cette histoire ?

En effet, on peut se le demander. Mais d'abord, réponds à la question.
Le chef des pillards veut employer les grands moyens pour parvenir à retrouver le trésor.
De quoi s'agit-il ?

- Faire peur à Jean.
- Enlever les enfants.
- Assommer Léopold.

Recopie ta réponse :

C'est ton TROISIÈME INDICE. Note-le sur ta page-indices, p. 93. → **Puis découvre la suite de cette sombre histoire au n° 17.**

4

Le tombeau de la momie

1 

Garance, Pablo et Philibert avaient été jetés dans une tente gardée par un homme armé. Pas moyen de s'échapper !

Pablo était inconsolable. Ses parents étaient morts dans un tremblement de terre quand il était tout petit, et il avait peur aujourd'hui de perdre son second père.

– Je ne comprends pas pourquoi Miguel a trahi mon père… Ça n'a pas de sens. Et puis il a toujours été gentil avec moi ! Je n'arrive pas à croire qu'il faisait semblant, qu'il attendait juste de pouvoir…

– Silence là-dedans ! ordonna leur gardien. Si vous continuez à comploter tous les trois, je vous jette du haut de la falaise. C'était très à la mode au temps des

empereurs incas. Ce serait une belle mort pour des enfants d'archéologues, vous ne trouvez pas ? Ha ! Ha ! Ha !

Philibert se blottit comme il put contre sa sœur. Lui aussi, il se faisait du souci pour son père.

Les enfants entendirent soudain des bruits près de la tente. Et si on venait vraiment les chercher pour les jeter dans le vide ?

Les enfants seront-ils jetés dans le vide ?

Pour le découvrir, trouve quelles sont les informations vraies parmi les trois suivantes.

a. Le magma remonte par une fissure de la croute terrestre.

b. Tous les tremblements de terre provoquent des dégâts.

c. La fusion du magma se produit à quelques kilomètres de profondeur sous la croute terrestre.

Si tu as choisi a et b. → Lis le n° 8.

Si tu as choisi a et c. → Lis le n° 10.

Si tu as choisi b et c. → Lis le n° 14.

mémo 26

2

Bravo, tu as trouvé !

→ Va vite lire la suite au n° 12.

3

Tu t'es trompé(e), tu as dû oublier une retenue.

→ Refais tes calculs de l'exercice n° 15.

4

Tu t'es trompé(e) ! Consulte le mémo n° 8.

→ Retourne au n° 5 et recommence l'exercice.

5

– Comment t'appelles-tu ? demanda Pablo en espagnol.

– Chasca, répondit la petite fille.

Pablo expliqua à ses amis que Chasca était pour les Incas la déesse de l'aube et la protectrice des jeunes filles.

– Pourquoi est-elle prisonnière ? demanda Garance.

Pablo traduisit la question et la réponse.

– Elle est retenue en otage, comme nous.

– Mais pourquoi ? insista Garance.

Soudain, il y eut comme un bruit de lutte devant la tente. Puis la tête de Miguel apparut par l'ouverture.

– Papa ! cria Chasca.

Miguel prit sa fille dans ses bras.

– Vite, les enfants, sortez de là !

Il avait assommé le garde, qui gisait à terre. Il aida les enfants à détacher leurs liens et leur dit :

– Bon, peut-être n'avez-vous plus confiance en moi, mais je vous en prie, faites ce que je vous dis ! C'est votre seule chance ! Un peu plus bas, derrière la réserve de provisions, se trouve une grotte dont l'entrée est dissimulée par la végétation. Les bandits ne la connaissent pas. Cachez-vous là et ne bougez pas jusqu'à mon retour, d'accord ?

– Mais… et si vous ne revenez pas ? s'inquiéta Philibert.

– Tu as une montre ? Bien ! Si je ne suis pas là dans quarante-huit heures, attendez la nuit et sauvez-vous. Pablo, tu penses que tu sauras reconnaitre la route ?

Pablo fit oui de la tête.

– Parfait !

Miguel leur confia un gros sac à dos.

– Voici une lampe, de l'eau et de la nourriture.

– Et vous ? demanda Garance.

– Je vais essayer de libérer Jean et Léopold… Allez, filez, avant que les autres n'arrivent !

Les enfants vont-ils pouvoir échapper aux bandits ?

Le suspense est à son comble !
Pour connaitre la suite de l'histoire, trouve le temps des verbes soulignés dans cette phrase :

« Pablo <u>expliqua</u> à ses amis que Chasca <u>était</u> pour les Incas la déesse de l'aube et la protectrice des jeunes filles ».

a. imparfait ; passé simple
b. passé simple ; imparfait
c. passé composé ; imparfait

Si tu as répondu a. → Lis le n° 4.
Si tu as répondu b. → Lis le n° 2.
Si tu as répondu c. → Lis le n° 11.

mémo 8

6

Erreur ! Ce sont des verbes, pas des adverbes. Lis bien le mémo n° 6.

→ Puis recommence l'exercice du n° 9.

7

Ce n'est pas exact. Tu as oublié un zéro.

→ Repose l'opération et reprends la question du n° 15.

8

Tu t'es trompé(e), lis le mémo n° 26.

→ Puis reprends l'exercice du n° 1.

9

La tente s'ouvrit brusquement et une petite fille fut projetée à l'intérieur. Au même moment, le Soleil réapparut.

De leur côté, les archéologues avaient réussi à ouvrir une large brèche dans le chantier de fouilles. Mais alors que la bande de voleurs se voyait déjà rouler sur l'or, Jean et Léopold ne pensaient qu'à leurs enfants. Le chef des pillards se réjouissait de les voir si abattus.

– Quand je pense à tout cet or qui va vous passer sous le nez ! Si vous saviez ce que ça me fait plaisir…

– Et si vous saviez ce qu'on en a à faire, de votre or ! s'exclama Léopold.

– Tout ce qu'on veut, ce sont nos enfants, ajouta Jean.

– Mais non ! Vous êtes comme tous les autres. Vous ne pensez qu'à l'argent !

– Mais comment pouvez-vous dire une chose pareille ?

– Comment ? s'énerva le chef des pillards. Je vais vous le dire, moi, comment ! Quand j'avais l'âge de vos enfants chéris, moi, j'étais orphelin et j'étais obligé de travailler. Mon grand-père avait été recruté par des archéologues européens, qui m'avaient aussi engagé sur le chantier. Tous les jours, du matin au soir, je charriais des brouettes de terre et de cailloux. À la fin de la journée, j'étais si fatigué que je n'avais même plus la force de manger. Mais je n'avais pas le choix.

Il s'arrêta un instant.

Qu'est-ce qui pousse le chef des pillards à se venger ?

Pour le savoir, tu dois d'abord trouver ce que sont les cinq mots en bleu dans le texte ci-dessus :

a. des participes passés

b. des noms

c. des adverbes

Si tu as répondu a. → Lis le n° 21.
Si tu as répondu b. → Lis le n° 13.
Si tu as répondu c. → Lis le n° 6.

mémo 6

10

Bravo ! Certains séismes sont de faible intensité et peuvent même passer inaperçus, sauf aux yeux des scientifiques.

→ Va au n° 9.

11

Faux ! Il n'y a pas de temps composé. Consulte le mémo n° 8.

→ Retourne au n° 5 et recommence l'exercice.

12

Les enfants trouvèrent la grotte, dont l'entrée était si étroite qu'un homme de taille normale n'aurait pas pu s'y glisser. À l'intérieur, une vague de froid les saisit.

– Pourvu que Miguel vienne vite nous chercher, murmura Garance.

Philibert voulut allumer la lampe, mais Pablo conseilla d'avancer dans le noir afin que les voleurs ne risquent pas d'apercevoir la lumière de l'extérieur.

La grotte se rétrécissait de plus en plus, et ils durent bientôt se mettre à ramper. Ils débouchèrent alors dans une salle souterraine. Philibert alluma la lampe. Lorsque la lumière inonda la caverne, il regretta aussitôt son geste : il se trouvait nez à nez avec un mort, qui le fixait !

De terreur, il laissa tomber la lampe.

Quelle vision d'horreur est apparue à Philibert ?

Tu es pressé(e) de le savoir ?
Alors indique quelle lampe Philibert doit utiliser pour éclairer la grotte.

a. **b.** **c.**

Si tu as entouré a. → Lis le n° 18.
Si tu as entouré b. → Lis le n° 20.
Si tu as entouré c. → Lis le n° 16.

mémo 27

13

Attention à ne pas confondre mots et noms. Tu peux lire le mémo n° 6.

→ Refais l'exercice du n° 9.

14

Tu t'es trompé(e) ! Lis le mémo n° 26.

→ Puis recommence l'exercice du n° 1.

15

Le chef des pillards reprit :

– Un jour qu'il travaillait dans un bâtiment que l'on venait de découvrir, mon grand-père a été écrasé sous un énorme bloc de pierre qui s'est détaché du plafond. Il est mort sur le coup. Personne ne s'est occupé de moi. Ni de ma peine, ni de ma fatigue. J'ai tout juste eu le droit de continuer à charger et à décharger mes brouettes. Puis, un mois plus tard, les archéologues ont trouvé des dizaines d'objets précieux. Un seul des vases en or qu'ils avaient découverts m'aurait permis de vivre heureux jusqu'à la fin de mes jours. Mais on m'a dit qu'il n'y avait plus de travail ici pour moi et que je devais partir, comme ça, du jour au lendemain. J'avais neuf ans à peine et nulle part où aller. Ce jour-là, je me suis juré de me venger des gens de votre espèce.

Il n'y avait rien à ajouter à cette triste histoire. Jean et Léopold comprirent que la souffrance de ce pauvre homme s'était transformée en haine. Ils se remirent à creuser en silence.

Pendant ce temps, que se passe-t-il dans la tente ?

Tu le découvriras après avoir résolu ce problème.
Les archéologues dont parle le chef des pillards ont découvert 24 coffres contenant chacun 30 vases en or.
Combien ont-ils trouvé de vases en tout ?

a. 620
b. 72
c. 720

Si tu as trouvé a. → Lis le n° 3.
Si tu as trouvé b. → Lis le n° 7.
Si tu as trouvé c. → Lis le n° 5.

mémo 13

16

Tu as bien réussi, félicitations !

→ Rends-toi au n° 24.

17

As-tu bien trouvé le mot MACCHABÉE ? Bravo !

→ Lis le n° 19.

18

Tu t'es trompé(e) ! Le fil de gauche ne doit pas être connecté à l'ampoule. Lis le mémo n° 27.

→ Puis retourne à l'exercice du n° 12.

19 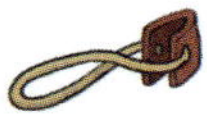

Garance balaya la grotte avec le faisceau de la lampe. Des masques, des statuettes, des bijoux précieux s'entassaient à même le sol.

– Qu'est-ce que c'est que ça ? dit Garance en ramassant un curieux objet. C'était un cordon d'où pendaient des dizaines de longues cordelettes à nœuds.

– Un quipu, répondit Pablo.

– Un qui quoi ? s'esclaffa Philibert.

– Un quipu, andouille ! dit sa sœur. Les Incas, qui ne savaient pas écrire, s'en servaient pour compter ou se rappeler certaines choses.

– Comme quand on fait un nœud à un mouchoir ?

– Pareil ! Mais je ne sais pas vraiment s'il pourra nous être utile…

– Oh ! Et là, regardez !

Pablo poussa un cri de joie. Philibert venait de découvrir un drôle d'instrument : un morceau de cuir attaché à deux lanières. C'était une fronde, l'arme fétiche des Incas.

– Ça, par contre, je sais très bien m'en servir !

Après ces découvertes, les enfants décidèrent de se reposer. Ils étaient sur le point de s'endormir quand une formidable explosion déchira l'air.

La fronde sera-t-elle utile ?

Tu ne tarderas pas à le savoir, si tu réponds correctement à cette question.

Philibert a trouvé un quipu (corde à compter). Observe bien le dessin pour comprendre comment les Incas s'en servaient.

Sur ce quipu, quel nombre lis-tu ?

a. 3241 **b.** 3214 **c.** 2341

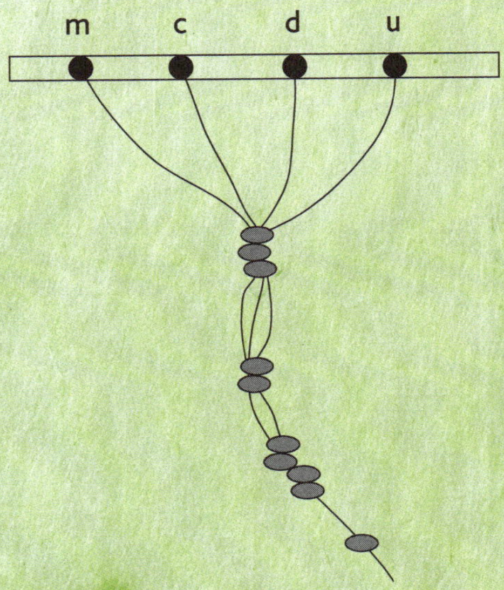

Si tu as trouvé a. → Lis le n° 22.
Si tu as trouvé b. → Lis le n° 25.
Si tu as trouvé c. → Lis le n° 23.

mémo 11

20

En es-tu certain(e) ? L'ampoule ne s'allume pas si les fils sont reliés à la même borne. Consulte le mémo n° 27.

→ Puis recommence l'exercice du n° 12.

21

Bravo ! Sais-tu que les participes passés suivent la même règle d'accord avec le sujet que les adjectifs ?

→ Va vite au n° 15.

22

– Qu'est-ce qu'on fait ? demanda Garance.

– Je ne sais pas, dit Pablo. Miguel nous a demandé de rester là…

– Oui, mais peut-être que nos pères sont en danger. Il faut qu'on aille voir ce qui se passe.

Chasca dit à Pablo qu'elle voulait sortir.

Les enfants décidèrent alors de retourner au chantier.

Il faisait nuit noire. Guidés par la lune, les enfants se faufilèrent jusqu'aux fouilles. Là, ils virent Jean, Léopold et Miguel en train de ficeler quatre individus, sans doute de la bande des voleurs. Ils avaient donc réussi ! Chasca voulut courir vers son père, mais Philibert lui fit signe de ne pas bouger. Un cinquième homme s'avançait lentement vers les archéologues, un revolver à la main. Sans hésiter, Pablo sortit la fronde de sa poche, ramassa une pierre, la plaça dans la pièce de cuir et fit tournoyer le tout dans l'air. Il lâcha d'un coup une des lanières et la pierre vint frapper le crâne du bandit, qui s'effondra sur le sol.

Miguel et les archéologues se redressèrent d'un bond, pensant avoir affaire à de nouveaux agresseurs. Jean avait ramassé le revolver, prêt à s'en servir.

Comment les archéologues ont-ils réussi à piéger les pillards ?

Avant de le découvrir, trouve ton quatrième indice.

Le bandit s'effondre sur le sol après avoir reçu :

- une balle dans le crâne ;
- une pierre sur le crâne ;
- un coup de bâton derrière le crâne.

Recopie la bonne réponse :

C'est ton DERNIER INDICE. Note-le sur ta page-indices, p. 93. → Maintenant, va vite au n° 26 lire le fin mot de cette aventure.

23

Réfléchis et recompte les nœuds représentant les milliers. As-tu compris le principe du quipu ? De bas en haut : unités, dizaines, centaines, milliers.

→ Retourne à l'exercice du n° 19.

24

– Qu'est-ce que tu peux être maladroit ! dit Garance en ramassant la lampe.

– Maladroit ! Non mais j'y crois pas ! On tombe sur un macchabée, et c'est tout ce que tu trouves à dire.

– Ça va ! C'est juste une momie, espèce de trouillard !

– « Juste une momie » ! Excuse-moi, mais on n'en croise pas tous les jours !

– Chut ! Ne vous disputez pas, fit Pablo. On risque de vous entendre.

Chasca n'avait pas l'air effrayé du tout. Elle s'approcha de la momie, qui portait un masque de bois aux yeux sculptés en forme de coquillage, et une espèce de turban. Elle était enveloppée de chiffons colorés.

Chasca dit quelques mots à Pablo.

– Chasca a raison. Les Incas déposaient souvent auprès de leurs momies des objets leur ayant appartenu pendant leur vie. Peut-être trouverons-nous quelque chose qui pourra nous servir d'arme contre les bandits…

Un objet va changer le cours de cette ténébreuse affaire. Lequel ?

Tu vas bientôt le savoir... Mais d'abord, complète le tableau ci-dessous pour découvrir un mot du texte qui a le même sens que « cadavre ». Trouve le résultat de chaque opération et écris la lettre correspondante dans la case.

450 × 20 = C — 45 × 200 = C — 3 × 200 = A

3 × 2000 = E — 6 × 200 = H — 4 × 50 = M

3 × 300 = B — 6 × 100 = A — 4 × 2000 = É

200	600	9000	9000	1200	600	900	8000	6000

Pour savoir si ta réponse est juste, lis le n° 17.

mémo 13 — mémo 14

25 

Faux ! As-tu bien compté les nœuds représentant les dizaines ?

→ Retourne au n° 19 et regarde bien comment fonctionne le quipu : en haut, les milliers ; en bas, les unités.

26 

Trois hélicoptères de la police arrivèrent bientôt. Miguel, qui les avait contactés par radio, expliqua aux policiers ce que les archéologues avaient imaginé pour neutraliser leurs ennemis : Jean avait préparé des explosifs sous le prétexte de déblayer ainsi plus vite le terrain. Puis Léopold s'était introduit dans les galeries du chantier et avait crié : « De l'or ! De l'or ! » avant de ressortir. Les voleurs s'étaient précipités à l'intérieur et Jean n'avait eu qu'à faire exploser la dynamite pour les piéger.

– J'ai tenté de vous retenir, dit Miguel aux archéologues. Je savais qu'il y avait des traitres parmi nous et je ne voulais pas que les petits soient mêlés à tout ça, mais…

– Donc vous avez insisté pour qu'on les laisse à Cuzco, fit Léopold.

– Et vous ne vouliez pas prendre le raccourci ! ajouta Jean.

– J'avais même promis de l'argent aux paysans pour qu'ils ne réparent pas le pont, avoua Miguel.

– Bah, l'essentiel, c'est que nous ayons retrouvé nos enfants, dit Jean. Désormais, leur déclara-t-il, pour les vacances, on ne fera que ce que vous voulez.

– Ben moi, je resterai bien encore un peu ici, annonça Philibert en regardant Chasca.

FIN

Mémo

Pour t'aider à faire tes exercices

Français

Maths

Sciences Techno

Grammaire – Orthographe

1 La ponctuation

- **Le point** se met à la fin d'une phrase qui donne une information ou raconte un évènement.

  Il a plu pendant trois jours.
- **Le point d'interrogation** se met à la fin d'une phrase qui pose une question.

  As-tu faim ?
- **Le point d'exclamation** se met à la fin d'une phrase pour donner un ordre, un conseil ou encore exprimer une émotion ou un sentiment.

  Venez à l'heure ! Quelle frousse j'ai eue !

2 Les constituants de la phrase

- Le **sujet** indique de qui ou de quoi on parle.

  Mon ami Théo perd ses clés. (Mon ami Théo : sujet)

  Qui est-ce qui perd ses clés ? *Mon ami Théo.*
- Le **verbe** indique ce que l'on dit du sujet de la phrase.

  Mon ami Théo perd ses clés. (perd : verbe)

  Que fait mon ami Théo ? Il *perd* ses clés.
- Le **complément d'objet** complète le verbe.

  Mon ami Théo perd ses clés. (ses clés : complément d'objet)

  Mon ami Théo perd quoi ? *Ses clés.*

3 Le sujet et le verbe

- Le sujet du verbe, c'est la personne, l'animal ou l'objet qui « fait » l'action. Le verbe **s'accorde toujours** avec le sujet.
- Pour trouver le sujet, on peut utiliser la tournure « **c'est … qui** » ou « **ce sont … qui** ».

  Grand-mère adore les glaces à la vanille.

  → ***C'est** grand-mère **qui** adore les glaces à la vanille.* (grand-mère : sujet)
- Un verbe peut avoir **plusieurs sujets**.

  Le lion, la gazelle et le zèbre vivent dans la savane. (Le lion : sujet ; la gazelle : sujet ; le zèbre : sujet ; vivent : verbe)

- Plusieurs verbes peuvent avoir le **même sujet**.

Le singe *attrape* *une cacahouète, l'épluche et la croque.*
sujet — verbe — verbe — verbe

4 Les déterminants

- Les déterminants démonstratifs s'utilisent avec un nom pour **montrer quelque chose ou quelqu'un** (*cette, ce, ces, cet*).

cette histoire, cette bande de pillards, ces enfants

- Les déterminants possessifs **indiquent la possession** (*son, sa, ses, mon, mes, ma, ton, ta, tes…*).

sa colère, mes ouvriers

5 Les compléments circonstanciels

Le complément circonstanciel apporte des informations sur ce qui se passe. Il peut répondre à la question :

Où ? *Le lion chasse dans la savane.* (cc de lieu)

Quand ? *La nuit, le lion chasse dans la savane.* (cc de temps)

Pour quelle raison ? *Le lion chasse car il a faim.* (cc de cause)

6 Les accords du participe passé

- Le verbe conjugué à un **temps composé** (passé composé) est formé du verbe *être* ou du verbe *avoir*, et du **participe passé**. Celui-ci **s'accorde**, comme un adjectif, en **genre** et en **nombre** avec le **sujet** s'il est accompagné du verbe *être*.

Hier, les garçons	***sont***	***allés***	*à la piscine.*
sujet	verbe *être*	part. passé	
Les filles	***sont***	***restées***	*à la maison.*
sujet	verbe *être*	part. passé	

- S'il est accompagné du verbe *avoir*, le participe passé **ne s'accorde pas** avec le sujet.

Ma mère	***a***	***mangé***	*des poires délicieuses.*
sujet	verbe *avoir*	part. passé	
Mes parents	***ont***	***acheté***	*des fleurs.*
sujet	verbe *avoir*	part. passé	

7 Les adverbes

- Les adverbes sont des mots **invariables**. Ils sont formés à partir d'**adjectifs** et ils complètent les **verbes**.

  *Le chimpanzé grimpe facile**ment** à la cime de l'arbre.*

- Les adverbes formés à partir d'adjectifs en « **-ent** » se terminent par « **-emment** ».

  patient → patiemment
  prudent → prudemment
  intelligent → intelligemment

- Les adverbes formés à partir d'adjectifs en « **-ant** » se terminent par « **-amment** ».

  courant → couramment
  bruyant → bruyamment
  méchant → méchamment

Conjugaison

8 Les temps du passé

Le mode indicatif permet de situer l'action dans le **passé**, dans le **présent** ou dans le **futur**.
L'indicatif comporte plusieurs temps du passé :
– l'imparfait :
Je chantais, elle finissait, nous venions, ils faisaient.
– le passé simple :
Je chantai, elle finit, nous vînmes, ils firent.
– le passé composé :
J'ai chanté, elle a fini, nous sommes venu(e)s, ils ont fait.
– le plus-que-parfait :
J'avais chanté, elle avait fini, nous étions venu(e)s, ils avaient fait.

Vocabulaire

9 Les suffixes

- Un suffixe est un groupe de lettres que l'on place **après un mot** ou **après le radical d'un mot.**

  Le dentiste est une personne qui soigne les dents.
  Un volcanologue est quelqu'un qui étudie les volcans.

- Plusieurs suffixes permettent de former des noms de métiers : « **-eur, -euse** », « **-ien, -ienne** ».

  Vendeur, vendeuse, magicien, magicienne.

- Certains suffixes indiquent une action : « **-ation** », « **-age** », « **-ement** ».

  Exploration, bavardage, stationnement.

- Des suffixes comme « **-ette** » désignent quelque chose de petit.

  Chainette, tablette, statuette.

10 Les homonymes

Certains mots peuvent se prononcer de la même façon mais s'écrire de manière différente. Ce sont des **homonymes**. Il faut connaitre leur orthographe ou la vérifier dans le dictionnaire.

Le boulanger fabrique le pain.
Le pin est un conifère.
Il ne faut pas confondre l'ancre du bateau et l'encre du stylo.

Nombres

11 La valeur des chiffres

Attention à la position de chaque chiffre dans un nombre !

Dans 53 241 :

– le 5 signifie 5 paquets de 10 000, c'est-à-dire 50 000 ou encore 5 dizaines de mille ;

– le 3 signifie 3 paquets de 1 000, c'est-à-dire 3 000 ou encore 3 milliers ;

– le 2 signifie 2 paquets de 100, c'est-à-dire 200 ou encore 2 centaines ;

– le 4 signifie 4 paquets de 10, c'est-à-dire 40 ou encore 4 dizaines ;

– le 1 signifie une unité.

$53\,241 = 50\,000 + 3\,000 + 200 + 40 + 1$

$53\,241 = (5 \times 10\,000) + (3 \times 1\,000) + (2 \times 100) + (4 \times 10) + 1$

12 Les fractions

Quand on divise l'unité en parties égales, on obtient des portions (fractions) d'unité.

- La **moitié** d'un litre, c'est :

un litre divisé par deux = un demi-litre

$1 : 2 = \frac{1}{2}$

- Le **quart** d'une heure, c'est :

une heure divisée par quatre = un quart d'heure

$1 : 4 = \frac{1}{4}$

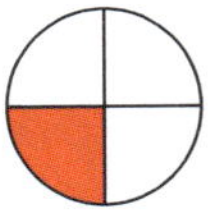

- Le **tiers** d'une feuille, c'est :

une feuille divisée par trois = un tiers de feuille

$1 : 3 = \frac{1}{3}$

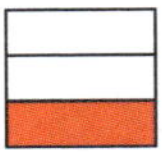

- Le **sixième** d'une tarte, c'est :

une tarte divisée par six = un sixième de tarte

$1 : 6 = \frac{1}{6}$

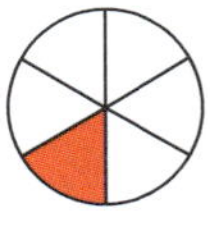

Calculs

13 Multiplier un nombre par 10, 100 ou 1 000

- Pour multiplier un nombre par 10, on écrit **un zéro** à sa droite.
  3 × 10 = 30
  46 × 10 = 460
  758 × 10 = 7 580

- Pour multiplier un nombre par 100, on écrit **deux zéros** à sa droite.
  6 × 100 = 600
  71 × 100 = 7 100
  402 × 100 = 40 200

- Pour multiplier un nombre par 1 000, on écrit **trois zéros** à sa droite.
  8 × 1 000 = 8 000
  32 × 1 000 = 32 000
  231 × 1 000 = 231 000

- Pour multiplier un nombre par 20 ou par 30, on le multiplie par **2** ou par **3**, puis par **10**.
  8 × 20 → 8 × 2 = 16 ; 16 × 10 = 160
  8 × 30 → 8 × 3 = 24 ; 24 × 10 = 240

- Pour multiplier un nombre par 300, on le multiplie par **3**, puis par **100**.
  8 × 300 → 8 × 3 = 24 ; 24 × 100 = 2 400

- Pour multiplier un nombre par 2 000, on le multiplie par **2** puis par **1 000**.
  7 × 2 000 → 7 × 2 = 14 ; 14 × 1 000 = 14 000

14 Calcul rapide avec les nombres entiers

Avec les nombres 25, 50, 75, 100, 125, 150... ou des dizaines entières comme 20, 30, 40..., on effectue les calculs de tête.

Pour cela, il faut connaitre les doubles et les moitiés par cœur.

Le double de 10 est 20.	La moitié de 20 est 10.
Le double de 50 est 100.	La moitié de 100 est 50.
Le double de 100 est 200.	La moitié de 200 est 100.
Le double de 1 000 est 2 000.	La moitié de 2 000 est 1 000, etc.

15 L'addition des grands nombres

Pour poser une addition en colonnes, on dispose correctement les chiffres les uns sous les autres : les unités sous les unités, les dizaines sous les dizaines, les centaines sous les centaines, etc.

10 unités font 1 dizaine ;
10 dizaines font 1 centaine ;
10 centaines font 1 millier ;
10 milliers font 1 dizaine de mille.

$$\begin{array}{r} {}^{1}\quad{}^{1}\quad\; \\ 14\,531 \\ +\,23\,629 \\ \hline 38\,160 \end{array}$$

16 La soustraction des nombres entiers

Pour poser une soustraction, il faut écrire **le plus grand nombre en premier** et **le plus petit ensuite**. Puis il faut bien aligner les chiffres. Attention à ne pas oublier les retenues !

$$\begin{array}{r} {}^{1}\quad\;\; \\ 2\,847 \\ -\,1\,593 \\ {}^{1}\quad\;\;\; \\ \hline 1\,254 \end{array}$$

17 Calcul avec les nombres décimaux

- Pour les additionner mentalement, il faut bien les observer :

À gauche de la virgule : la partie entière

À droite de la virgule : la partie décimale

18,5

- On regroupe d'abord ceux dont la somme donne un nombre entier.

Il faut repérer les **parties décimales** :

0,1 + 0,9 = 1 ; 0,2 + 0,8 = 1 ; 0,3 + 0, 7 = 1.

Donc : 1,2 + 1,8 = 3 ; 2,5 + 6,5 = 9.

- On additionne les parties décimales entre elles, puis les parties entières entre elles, sans oublier les retenues.

Attention ! Les retenues peuvent passer du côté gauche de la virgule : 1,5 + 2,7 = 4,2 et non 3,12.

Espace et géométrie

18 Les figures planes

Le cercle est une figure plane. On le nomme par la lettre qui désigne son **centre** : le cercle de centre A.
OA est un **rayon** du cercle de centre A.
BC est un **diamètre** du cercle de centre A.
Un diamètre est égal à deux rayons :
BC = 2BA = 2AC = 2OA.

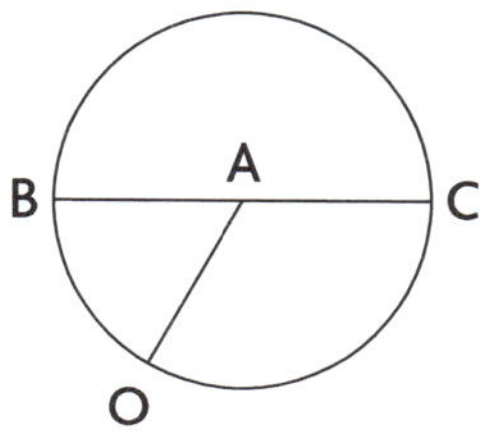

Grandeurs et mesures

19 Les unités de mesure de masse

1 tonne = 1 000 kg

kilogramme	hecto-gramme	déca-gramme	gramme	décigramme	centigramme	milligramme
kg	hg	dag	g	dg	cg	mg
4	5 ,	2	0			

Exemple : 45,2 hg = 4 520 g.

20 Les unités de mesure des durées

60 secondes (60 s) = 1 minute (1 min)
60 minutes = 1 heure (1 h)
1 jour = 24 heures
1 année = 365 jours (ou 366)
1 siècle = 100 ans
1 millénaire = 1 000 ans

21 Calcul de durées

Connaissant **l'instant initial** (le début) et **une durée**, on peut trouver **l'instant final** (la fin). Pour cela, on procède par additions successives.

Léopold et son père vont voir un film qui commence à 13h45. Il dure 1h30.

13h45 à 14h =15 min *14h à 15 h = 1 h* *15h à 15h15 =15 min*

Le film se termine à 15h15.

22 Les phénomènes météorologiques et climatiques

La météo est une science qui étudie les **phénomènes atmosphériques** tels que les températures, les précipitations, les vents, les nuages...
Des outils sont utilisés pour mesurer les températures, les précipitations, etc.
L'anémomètre sert à mesurer la vitesse des vents.
Le baromètre sert à mesurer la pression atmosphérique.
Le thermomètre sert à mesurer les températures.

23 L'éclipse de Soleil

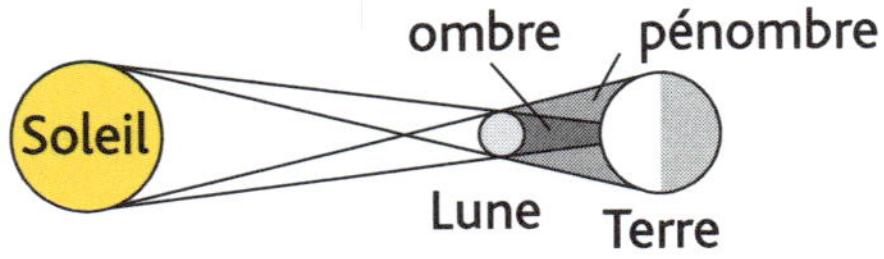

Lorsque la Lune est placée exactement **entre le Soleil et la Terre**, elle intercepte les rayons du Soleil et les empêche d'arriver sur la Terre. C'est ainsi que se produit une éclipse totale de Soleil.

24 L'alimentation des animaux

- Parmi les animaux se nourrissant de végétaux, on trouve :
  – les **herbivores**, qui mangent de l'herbe ou du foin (vache, mouton, cheval...) ;
  – les **granivores**, qui grignotent des graines (poule, souris...) ;
  – les **frugivores**, qui croquent des fruits (singe, oiseau...).
- Parmi les animaux se nourrissant de viande ou de poisson, on trouve :
  – les **carnivores** (lion, loup, chat, chien...) ;
  – les **charognards** (hyène, vautour...).
- Parmi les animaux qui se nourrissent de tout, on trouve :
  – les **omnivores** (ours, porc, renard...).
- L'être humain est un omnivore. Le cochon d'Inde, lui, est à la fois un herbivore et un granivore.

25 L'adaptation à l'environnement

Le lama vit en Amérique du Sud, dans les Andes, une région montagneuse pouvant atteindre les 7 000 mètres d'altitude. Sa toison longue et épaisse et ses pieds fendus lui permettent de vivre en haute montagne.

26 Les tremblements de terre (ou séismes)

Trois phénomènes peuvent provoquer un séisme.

- Sous l'effet des mouvements du **magma**, une plaque de la croute terrestre **s'enfonce** sous une autre : c'est ce qui occasionne les tremblements de terre les plus fréquents et les plus dévastateurs.

Schéma 1

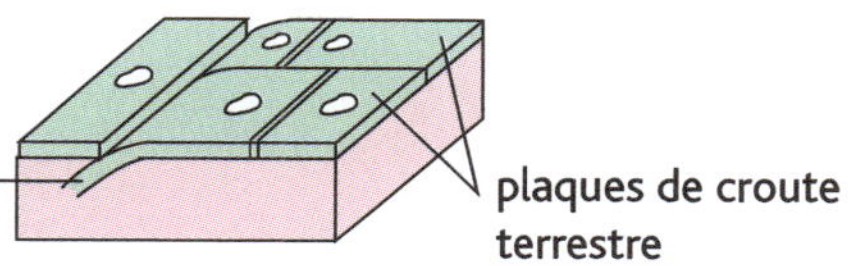

- Le magma **remonte** à la surface de la croute terrestre et provoque une **éruption volcanique**, qui s'accompagne d'explosions très violentes.

Schéma 2

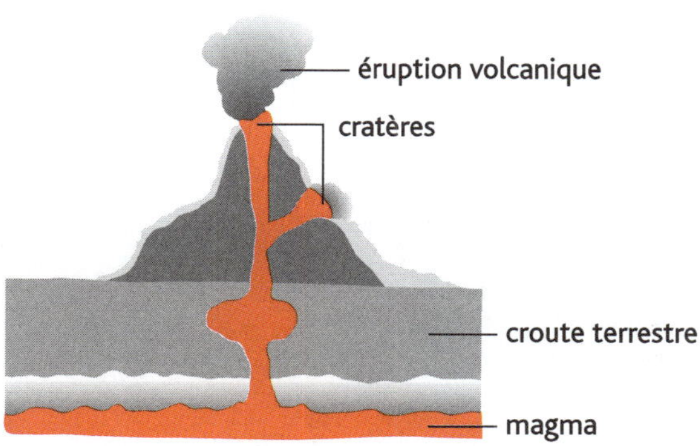

- Certaines activités humaines, telles que la construction de barrages, l'extraction minière, les essais nucléaires… peuvent entrainer des séismes de faible à moyenne magnitude.

- Si environ 100 000 séismes sont enregistrés tous les ans par les scientifiques, la plupart ne sont pas ressentis par les êtres vivants.

- La science qui étudie ces phénomènes est la **sismologie**.

27 Le fonctionnement d'une lampe

- Les deux bornes de la lampe sont le **plot** et le **culot**. Les deux pôles de la pile sont des languettes ou **lamelles** métalliques (+ et –).
- Pour que l'ampoule s'éclaire, il faut qu'une languette touche la pointe de la lampe (culot) et l'autre le plot.
- Pour allumer une ampoule à distance de la pile, on utilise des fils. Ces fils servent à relier les bornes de la pile et de l'ampoule.
- Le chemin parcouru par l'électricité dans les fils forme un circuit. Le courant ne peut circuler que si le circuit est « fermé ».

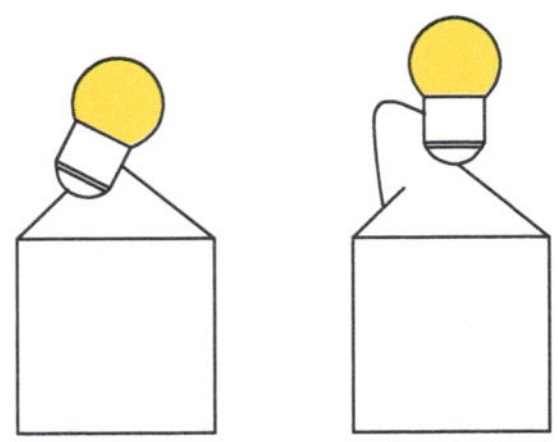

Circuits fermés : l'ampoule s'allume.

28 Les continents

Un continent est une vaste étendue de terre présente à la surface du globe. Les différentes parties du monde sont aussi appelées continents. Il en existe **six** : l'Afrique, l'Amérique, l'Asie, l'Antarctique, l'Europe et l'Océanie.

Page-indices

À la recherche de la cité perdue

du CM2 à la 6e

Note ci-dessous les indices que tu as trouvés
au cours de ta lecture.

Va vite te connecter sur le site
www.lenigme.com
pour nous envoyer tes indices,
et tu pourras télécharger plein de cadeaux !

INDICE 1 Philibert
(Rignel)

INDICE 2 ....

INDICE 3 ....

INDICE 4 ....

Bravo ! *Tu as trouvé tous les indices !*

Table des matières

N° d'éditeur : 10261674 - IRILLYS - mars 2020
Imprimé en Italie par Bona

L'ÉNIGME DES VACANCES

Choisis ton univers !

Historique · FANTASTIQUE · Policier · Aventure · FRISSON · Princesse

du CP au CE1

- Le voleur invisible
- Sophia, princesse de la mer 🎧
- Le mystère de la source 🎧
- Disparition au pays des poneys 🎧
- Panique chez les pandas

du CE1 au CE2

- La peur au bout de la laisse
- Mystère au cirque Alzared
- Attention ! Dauphins en danger
- Pas si désert que ça !
- Menace sur Madagascar
- Pirates en péril ! 🎧

du CE2 au CM1

- Le labyrinthe des dragons
- Les fantômes de Glamorgan
- La plage du Prince Blanc
- Le phare de la peur
- Montagne explosive !
- Menaces sur la finale de foot
- Planète dinosaures

du CM1 au CM2

- Le voleur de papyrus
- Le secret de la jungle
- Le sortilège des loups-garous
- Parfum de vacances
- La carrière interdite
- Mystère dans le bush australien
- Drôles d'époques ! 7 HISTOIRES

du CM2 à la 6e

- Le trésor des Templiers
- Panique à la Pop Academy
- La forêt de l'épouvante
- À la recherche de la cité perdue
- Eaux troubles à Venise
- Drôles de familles ! 7 HISTOIRES
- À bord du bateau pirate ESCAPE GAME

de la 6e à la 5e

- Le secret du Titanic
- Drôle de trafic
- Complot chez les cordons-bleus
- The Refuge in Danger 🎧 (en anglais)
- Au sommet de la tour Eiffel ESCAPE GAME

de la 5e à la 4e

- Operation Blue Lagoon 🎧 (en anglais)
- Chute mortelle au Mont-Saint-Michel
- The Captain is Missing! 🎧 (en anglais)
- Le souffle de l'ange
- Dans le château de Krennamzer ESCAPE GAME

de la 4e à la 3e

- Murder in West Park 🎧 (en anglais)
- The Mark of the Vampire 🎧 (en anglais)
- The Wizards' Night 🎧 (en anglais)

🎧 Histoire à podcaster sur le site www.lenigme.com

Retrouve-nous sur le site : www.lenigme.com